NOTICE

SUR

M. PIERRE PELLIER

CHANOINE HONORAIRE

CURÉ-ARCHIPRÊTRE DE SAINT-MARTIN

DE MAYENNE

Décédé le 27 Septembre 1884

LAVAL

IMPRIMERIE-LIBRAIRIE CHAILLAND

Rue des Béliers, 2

1884

L27 m 5266

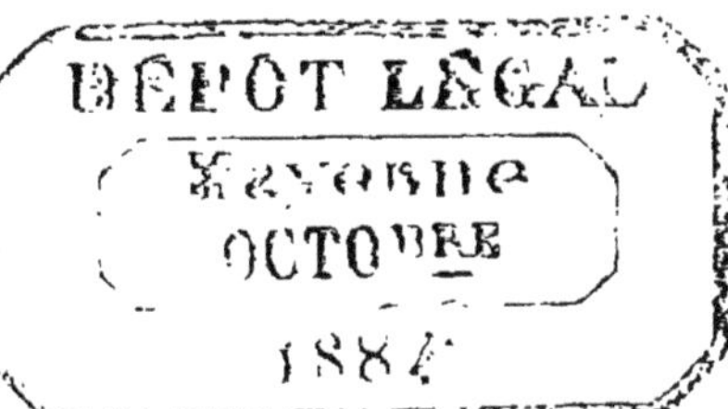
DÉPOT LÉGAL
MAYENNE
OCTOBRE
1884

NOTICE

N° 158

BIBLIOTHÈQUE NATIONALE
R.F.

SUR

M. PIERRE PELLIER

CHANOINE HONORAIRE

CURÉ-ARCHIPRÊTRE DE SAINT-MARTIN

DE MAYENNE

Décédé le 27 Septembre 1884

LAVAL

IMPRIMERIE-LIBRAIRIE CHAILLAND

Rue des Béliers, 2

1884

27
Ln
35266

La paroisse de Saint-Martin de Mayenne est dans le deuil : elle vient de perdre son vénérable Pasteur, celui qui la gouvernait depuis cinquante ans.

M. Pierre Pellier était un des rares survivants du siècle dernier. Il naquit à Forcé, le 7 février 1798. On peut juger de l'esprit chrétien qu'il reçut dans sa famille par ce fait, souvent rappelé par lui, que, durant la tourmente révolutionnaire qui obligea les prêtres à fuir ou à se cacher, sa mère enseignait le catéchisme aux enfants du voisinage. Quand les prêtres reparurent, il se sentit lui-même de bonne heure incliné vers le service des autels. M. Genest, curé de Forcé, envoyé dans une cure, aux environs du Mans, l'emmena avec lui, ainsi que M. Pillet, mort doyen de Loiron, et leur donna les premières leçons de latin, les employant en même temps à catéchiser les petits enfants de la paroisse.

Le collège de Château-Gontier était alors dans toute sa splendeur; presque tous les élèves ecclésiastiques du pays, à cette époque, y faisaient leurs études. Pierre Pellier désirait beaucoup y entrer pour y continuer les siennes. Son père n'osait l'y envoyer, parce que la modicité de ses ressources ne lui eût pas permis de payer le prix de la pension. Dans un voyage que le jeune Pellier fit à Château-Gontier avec son père, il sut amener celui-ci dans les cours du collège. Le supérieur, M. Horeau, les rencontra ; il apprit du jeune homme le désir qu'il avait de devenir son élève, et, du père, l'obstacle qui s'y opposait. M. Horeau, avec son regard profond, devinant dans ce jeune garçon de dix-sept ans et demi, les qualités d'un sujet capable de faire honneur à l'Eglise, lui facilita le moyen de rester sous sa direction. Le jeune Pellier, pour jouir plus tôt et plus sûrement de cette faveur, demanda et obtint la permission de ne pas s'en retourner : le père revint seul à Forcé. Il entra en cinquième en octobre 1815 ; fit sa troisième sous M. Descars, alors sous-diacre, et obtint, à la fin de cette année (1818), le 1er accessit d'excellence. Il fut obligé d'interrompre ses études par raison de santé. Il avait dû atteindre, à cette époque, sa haute taille de six pieds. Aussi, durant son adolescence, fut-il d'une grande faiblesse, qui exigea des précautions. Après une année de repos, il fit sa rhétorique au collège de Laval.

Les forces vinrent avec l'âge ; car il aimait à rappeler que, par économie, son père lui faisait faire à pied le chemin de Forcé au Mans, durant le temps de ses études théologiques au séminaire de cette ville. M. Bouvier, supérieur du séminaire, le futur évêque du diocèse, jeta les yeux sur ce grand abbé, et le choisit pour son sacristain ; ce qui était une charge aussi bien qu'une marque de confiance : tous les matins, à cinq heures, le jeune séminariste devait être au pied de l'autel. C'est là sans doute qu'il contracta cette précieuse habitude, qu'il a conservée jusqu'à la fin de sa vie, de se lever de grand matin.

M. Pellier fut ordonné prêtre, au Mans, dans l'église de la Visitation, le 10 août 1824, par Mgr de la Myre, et, le jour même, nommé vicaire à Notre-Dame de Mayenne. Il eut pour curé M. Granger, et à sa mort, en 1828, M. Arcanger, avec lequel il fut toujours uni d'esprit et de cœur. Ce fut M. Arcanger qui l'installa le 8 février 1835, curé de Saint-Martin, où il avait été nommé à la fin de 1834.

Le nouveau curé de Saint-Martin trouva son église et son presbytère dans le plus triste état. Au lieu de se plaindre et de se décourager, il prit la résolution de travailler sans relâche à la restauration de la maison de Dieu. Mais que faire ? Les ressources pécuniaires lui manquaient ; les revenus annuels de la fabrique ne s'élevaient qu'à 2000 fr. et suffisaient à peine pour les besoins du culte.

Ici se trouve un trait de sa vie qu'il a consigné lui-même, et qui nous révèle son esprit de foi et sa confiance en la sainte Vierge. Il reçut, un jour, pour son église, une pièce de cinq francs. L'idée lui vint de la déposer aux pieds d'une statue de la sainte Vierge qu'il avait dans sa chambre, en suppliant avec toute la ferveur possible sa bonne Mère de multiplier au moins par dix cette première pièce. Sa prière fut certainement entendue : car, écrit-il, « *depuis ce temps, plus de*

70.000 francs (il faudrait aujourd'hui tripler et même quadrupler ce chiffre) *sont arrivés providentiellement pour l'église et pour les autres œuvres de la paroisse de Saint-Martin.* »

En 1843, M. le curé commença avec son vicaire, M. Baudry, actuellement archiprêtre de la cathédrale, et son ami de cœur, une quête dans la paroisse, pour la construction d'un second bas-côté et du pourtour qui règne autour du chœur de l'église. Ce travail était achevé en 1846, et Mgr Bouvier, avec Mgr Georges, neveu du cardinal de Cheverus, consacrait l'église de Saint-Martin le 27 septembre 1847. Douze ans plus tard, à Pâques 1859, était inauguré l'orgue du chœur, sorti de la maison Merklin. En 1861, le 2 novembre, avait lieu la bénédiction de la chapelle dite *des Ames du purgatoire*, construite sur l'emplacement de l'ancien cimetière, avec ouverture sur le pourtour du chœur. C'est là qu'on espère rapporter et déposer les restes mortels du bon et vénéré curé de Saint-Martin. L'année suivante (1862), les vitraux de la chapelle du chevet étaient posés ; les voûtes de la nef et des bas-côtés étaient refaites, et aux deux piliers, qui sont à l'entrée du chœur, étaient adossés les deux autels qu'on y voit ; en 1864, l'église s'enrichissait de nouveaux tableaux du chemin de la croix et d'une superbe bannière ; en 1866, la chapelle des Ames du purgatoire était décorée de peintures murales ; en 1872, était érigée une chapelle, la première dans le diocèse de Laval, en l'honneur de Notre-Dame d'Espérance de Pontmain ; en 1874, était placé le vitrail, représentant l'Immaculée-Conception, au-dessus du grand portail occidental, et, en 1875, les vitraux du chœur. En 1876, la sonnerie fut refondue, avec addition de la grosse cloche (*do*). En 1878, les stalles du bas du chœur, qui arrêtaient la vue des fidèles, furent remplacées par une grille et établies dans le sanctuaire. Enfin, en 1880, commença la pose de ce riche luminaire, lampes, bras de lumières, candélabres, lustres, prodigués presque avec profusion dans le sanctuaire, dans le chœur et jusque dans la nef. C'est ainsi que, pendant cinquante ans, ce prêtre zélé a été fidèle à la résolution qu'il avait prise, au début de son ministère à Saint Martin, de travailler sans relâche à restaurer et orner son église.

Pour couronner l'œuvre de leur bien-aimé Pasteur, les fidèles de la paroisse, au moyen d'une souscription, viennent de faire exécuter, par M. Renouard, du Mans, des peintures décoratives aux parois et à la voûte du sanctuaire et du chœur. C'est un hommage qu'ils ont voulu rendre à leur respectable curé, à l'occasion des *noces de diamant* de la soixantième année de son sacerdoce, qui devaient avoir lieu le 10 août dernier. Il n'a pu voir ces belles peintures qui, avec les vitraux, forment un ensemble très harmonieux ; mais il a ressenti dans son cœur paternel la douce joie que lui causait la délicate attention de ses enfants. Il aimait sa *blanche église*, à laquelle il avait consacré ses soins, et, quoique ce ne soit pas un monument, elle est chère aussi aux paroissiens de Saint-Martin, à qui elle rappelle tant de pieux souvenirs.

Ce zèle de la maison de Dieu n'empêchait pas M. Pellier de mener de front d'autres œuvres.

Son presbytère, humide et malsain, auquel il fallait descendre par une vingtaine de marches, a été relevé et rebâti ; les jardins se sont étendus jusqu'à la rue des Vallées, en 1875, grâce à un don généreux de Mme Piquet.

Une œuvre d'une grande importance, a été l'acquisition, en 1868, de l'ancien *Prieuré*, maison et enclos, aux portes du presbytère et de l'église, et l'établissement, dans cette propriété (1869), des Sœurs garde-malades, dites de l'*Espérance* ou de la *Sainte-Famille*. Ces bonnes Sœurs étaient ses filles de prédilection : elles ont rendu tant de services aux malades de Saint-Martin et des environs ; elles ont aidé si efficacement ce bon Pasteur dans la garde et la préservation de la jeunesse, espérance du troupeau ! Elles n'ont pas quitté son chevet, la nuit, durant les dernières semaines de sa vie. C'est auprès d'elles que se retirera, pour y terminer ses jours, la vieille domestique qui, pendant cinquante ans, a servi M. Pellier avec le dévouement le plus complet.

Une autre famille partageait avec les Sœurs de l'Espérance l'affection de ce tendre père : c'était le pensionnat de Saint-Louis-de-Gonzague, ce pieux asile de la science et de la vertu. M. le curé savait quel germe fécond de bien il y a là pour sa paroisse, et il se plaisait à encourager et à bénir le dévouement des maîtresses et l'affectueuse docilité de leurs élèves.

Une troisième maison, également chère à son cœur, était celle des Sœurs de la charité d'Evron qui, depuis 1856, se dévouent dans sa paroisse à l'instruction des petites filles du peuple et qui, depuis 1860, dirigent la salle d'asile. La dure loi qui l'empêchait, dans ces derniers temps, de visiter cette école communale et d'y bénir ses enfants avec leurs dignes maîtresses, imposait à son cœur une pénible privation.

Il avait contribué puissamment à fonder l'école des garçons, et, dès 1854, il y avait établi les *Frères de la Doctrine chrétienne.* Ce fut pour sa vieillesse un grand chagrin, lorsque, en 1879, par le malheur des temps, ses Frères furent renvoyés de cette école, où ils avaient passé 25 ans en faisant le bien. Retrouvant, dans ces circonstances néfastes, l'ardeur de ses jeunes années, il fit appel au concours de personnes généreuses et put acquérir une autre maison et l'approprier à l'usage des Frères et de leurs nombreux élèves. Mais, dès l'année suivante (1880), il eut la douleur de voir disparaître ces guides si sûrs et si aimés des enfants du peuple: Dieu lui a laissé du moins la consolation d'avoir à leur place, pour le moment, un instituteur qui offre toutes garanties.

Quoiqu'il ne fût pas chargé de la direction des deux grands établissements de bienfaisance situés sur sa paroisse, l'asile des aliénés et l'hospice, il aimait à voir et à encourager MM. les aumôniers de ces établissements ainsi que les religieuses de la Charité qui s'y dévouent. En sa qualité de membre de la commission administrative des hospices et du bureau de bienfaisance, il était heureux de pouvoir rendre de nombreux services aux ouvriers pauvres et malades, objets constants de sa sollicitude.

Lui-même, de ses propres deniers, quand sa bourse n'était pas vide, il faisait, sans compter, d'abondantes aumônes. Quand, à sa porte, on donnait du pain à quelque pauvre; il ne trouvait jamais qu'on lui en donnât assez. Pour soutenir une œuvre de charité, il eût été prêt à se dépouiller de tout : je n'en citerai pour exemple que la vente de sa maison paternelle, seul bien qu'il possedât, et de son argenterie qu'il sacrifia sans hésiter, pour aider à couvrir les frais d'achat du Prieuré.

M. Ch. Trouillard raconte de lui, dans le journal l'*Ordre*, un trait touchant, qui rappelle l'aimable charité du cardinal de Cheverus, qu'il avait eu l'honneur de recevoir (2 mars 1836) et d'entendre prêcher dans son église.

B.P.

— « Un soir qu'il revenait de visiter les malades, il rencontra dans la rue du Perrin une vieille femme qui portait sa *buie* pleine d'eau. La nuit était tombante, la rue déserte. La vieille haletait, car le chemin est rude et malaisé. — Donnez-moi votre *buie*, dit-il. — La porteuse hésita... — Vous êtes trop bon Monsieur le Curé, répondit-elle. — Elle se laissa faire et l'abbé Pellier porta la *buie* en pressant le pas jusqu'à côté du presbytère. Là il s'arrêta. — Où faut-il mettre votre *buie*, dit-il ? — Dame ! Monsieur le Curé, au pied de notre escalier. — C'est vrai ! — Et il continua à marcher avec la vieille ; il n'en fut quitte qu'en posant son fardeau auprès de l'escalier. »

Un témoin oculaire racontait dernièrement à MM. les vicaires, qu'il avait surpris, un soir, M. Pellier rentrant chez lui sur ses bas, par un temps de neige : il venait de donner ses souliers à un malheureux qui n'avait pas de chaussure. — Un autre jour, il se dépouillait de son gilet de tricot, pour vêtir un pauvre malade qu'il visitait et qui grelottait de froid.

Mais c'était le soin des âmes qui le préoccupait surtout. On dit qu'en revenant de visiter ses paroissiens, il ne manquait jamais d'entrer à l'église : c'était pour les recommander à Notre-Seigneur. Il était assidu au tribunal de la pénitence, plein de miséricorde pour les pécheurs, à l'exemple du divin Maître, et toujours prêt à faire profiter de sa prudence et de sa longue expérience ceux qui venaient se confier à sa direction.

Pour maintenir la jeunesse dans les sentiers de la vertu, il avait établi d'abord un catéchisme de persévérance, auquel il substitua (1864), sur le conseil de M. le Vicaire-Général Wicart, l'association de la Sainte-Famille.

Il aimait à donner aux âmes pieuses la facilité de suivre des retraites. Autant qu'il le pouvait, il procurait à sa paroisse l'avantage d'une mission ou d'une station pendant l'Avent ou le Carême. La mission de 1853, donnée par le R. P. Lewembruck, produisit un bien immense. La station de l'Avent 1872, prêchée par trois Pères Dominicains, a laissé comme fruit durable la récitation en public du Saint-Rosaire dans l'église de Saint-Martin, chaque semaine, à trois jours différents, un chapelet chaque fois avec la bénédiction du Saint-Sacrement. La Confrérie du Saint-Rosaire, établie dans cette église depuis 400 ans, a trouvé dans cette pratique un nouvel élan, une nouvelle ferveur. Pour assurer à la paroisse l'avantage de ces prédications extraordinaires, aussi souvent que possible, une pieuse personne, Mme Lemercier, avait légué à la fabrique de Saint-Martin une somme de 10,000 francs ; mais la volonté de la généreuse donatrice a été annulée, en

1880, par acte présidentiel, et le Pasteur ainsi que son troupeau ont été frustrés dans leurs légitimes espérances.

Ces déboires de plus d'un genre, dont la vieillesse de M. le curé de Saint-Martin fut tour à tour abreuvée, pouvaient briser son cœur ; mais ils n'altérèrent en rien la sérénité de son visage, toujours souriant, la douce urbanité de ses manières, l'aménité de son caractère, enclin à la conciliation, à la paix, et l'extrême bienveillance qu'il mettait dans toutes ses relations. Il est demeuré en rapport avec les représentants de toutes les administrations de la ville de Mayenne et du département, et il a conquis et gardé, jusqu'à la fin de sa vie, la sympathie, l'estime, disons le mot, la vénération de tous.

L'an dernier, un journaliste de la ville de Mayenne, dans un accès d'impiété, essaya de ternir la réputation de ce vieillard de 86 ans, l'honneur du clergé de notre diocèse, qui, depuis soixante ans, donnait à la population de cette ville de Mayenne l'exemple de toutes les vertus sacerdotales : ce fut un cri universel de réprobation contre l'insulteur. Le vénérable vieillard, par respect pour ses cheveux blancs et pour son sacerdoce, en appela à la justice du pays. Tous les hommes de cœur, à quelque parti qu'ils appartinssent, se rangèrent à ses côtés, en cette occasion, et lui firent cortège jusqu'au pied des tribunaux. La sentence des juges fut le triomphe de l'honneur et de la vertu.

« Mayenne, dit le *Courrier* de cette ville, n'oubliera pas de sitôt ce grand et beau vieillard, aux cheveux blancs comme la neige, à la physionomie si fine et si douce. Dans cette ville de Mayenne, où pendant les soixante ans de son sacerdoce, il a vu naître, grandir et vieillir toute une population;

deux générations se sont écroulées autour de lui ; lui seul est demeuré, toujours semblable à lui-même. »

Il y a dix ans, une joyeuse fête vint embellir sa verte vieillesse : la fête du cinquantième anniversaire de son sacerdoce, *ses noces d'or*. A cette époque, il portait allègrement ses soixante-seize ans. On le voyait, il est vrai, courber sa haute taille en tendant la main à ceux qu'il abordait ; mais c'était par habitude de bienveillance pour ceux qu'il appelait toujours, quel que fût leur âge, *mon cher enfant, mes chers enfants*. Il semblait ne pas sentir encore le fardeau des années. Il disait gaiement, car il avait souvent le mot pour rire et il parlait volontiers de ses vieux ans, qu'il ne désespérait pas d'atteindre *son troisième siècle* : le XVIIIe l'avait vu naître, le XIXe le voyait vivre ; pourquoi le XXe ne le verrait-il pas mourir ?

En attendant, il préparait ses *noces*

de diamant pour la soixantième année de son sacerdoce. La fête devait avoir lieu le 10 août dernier. Mgr le Hardy du Marais, qui, comme son prédécessenr, Mgr Wicart, l'avait en grande estime, avait promis de présider la cérémonie. Depuis longtemps, la ville de Mayenne, la paroisse de Saint-Martin surtout, était dans une joie extraordinaire, à l'approche de cette fête, si rare dans nos annales ; chacun s'apprêtait à donner à ce vétéran du sacerdoce, à ce père aimé et vénéré, une marque particulière de respect et d'amour.

Malheureusement, au mois de juillet, des douleurs d'entrailles, qu'il ressentait depuis quelque temps, mais qu'il dissimulait, s'aggravèrent de telle sorte qu'elles jetèrent la crainte au cœur de tous les amis du bon vieillard. On voulait cependant espérer contre toute espérance : les invitations à la fête furent envoyées et les derniers préparatifs commandés. Mais, dans les premiers jours du mois d'août, l'illusion ne fut plus possible. Les douleurs étaient continuelles et si vives qu'elles arrachaient des cris au pauvre patient. La fête fut contremandée, remise.

Hélas ! ces mêmes amis qui avaient été invités pour le 10 août, devaient être convoqués aux funérailles le 1er octobre. Dieu, pendant les dernières semaines, adoucit les souffrances du moribond. A part deux ou trois crises, les derniers jours ont été calmes. Ce prêtre vénérable, rempli de sentiments de foi et d'amour de Dieu, s'est vu mourir. Quand M. le supérieur du Petit-Séminaire, son confesseur, vint lui apporter le saint Viatique et lui administrer l'extrême onction, il répondit aux prières avec une pieuse assurance. Le matin du jour de sa mort, il put recevoir encore la sainte communion en pleine connaissance et avec une grande ferveur. A plusieurs reprises il fit le sacrifice de sa vie. Enfin, le samedi 27 septembre, à onze heures du soir, sans agonie, il s'endormit du sommeil des justes et entra dans son repos éternel.

Ses funérailles ont été un triomphe pour sa mémoire et pour la religion dont il était le ministre.

Tout avait été parfaitement prévu et organisé par ses deux vicaires, qui lui étaient dévoués comme deux fils. La chambre mortuaire où il avait été exposé, revêtu de ses habits sacerdotaux, ne désemplit pas le dimanche et le lundi : c'était un concours de fidèles, *un pèlerinage*, comme on l'a dit, sans interruption.

A la cérémonie de la sépulture, l'église était trop petite pour contenir la foule. Environ quatre-vingt-dix ecclésiastiques, de tous rangs, se pressaient dans le chœur, autour du catafalque. Les autorités locales étaient présentes. Les riches et les pauvres étaient là, mêlant leurs prières et leurs larmes. Les enfants des écoles entouraient aussi le cercueil de ce saint vieillard.

La messe fut célébrée par M. le Vicaire Général Couanier de Launay, délégué par Mgr l'Evêque de Laval, assisté de M. Lemanceau, aumônier de la communauté d'Evron, et de M. Lemonnier, curé de Couesmes, tous les deux anciens vicaires de Saint-Martin.

Après l'absoute, le convoi se forma au dehors : en tête, la croix, puis les enfants des écoles et les pauvres de l'hospice, le pensionnat de Saint-Louis de Gonzague, les jeunes filles de la Sainte-Famille, les religieuses, un nombreux clergé, six à huit doyens, quatorze chanoines, au milieu desquels marchait, accompagné de deux prêtres, Mgr Coquereau, prélat romain, curé de Saint-Laurent de Paris, le paroissien, l'élève, l'ami dévoué de M. Pellier, et bienfaiteur de la paroisse.

Après le célébrant et M. l'abbé Garreau, ancien vicaire de St-Martin, qui portait le cierge d'honneur, s'avançait le char funèbre. Sur le cercueil paraissaient les insignes de chanoine du défunt (1) : la barrette, le rochet, la mozette et la croix ; et sur le tout était croisée une étole violette rappelant son sacerdoce. Le char était couvert de couronnes, tressées par l'amour et la reconnaissance, symboles de la couronne immortelle réservée à celui qui avait consacré les soixante ans de sa vie sacerdotale à la gloire de Dieu et au salut des âmes. Autour du char, tenaient les cordons : M. Coupris, vicaire capitulaire du diocèse du

(1) M. Pellier, nommé chanoine honoraire par Mgr Wicart, lors de sa première visite à Mayenne, fut installé à la cathédrale, le 1er février 1856.

Mans, M. Moriceau, doyen du chapitre de Laval, M. Patry, curé-archiprêtre de Notre-Dame de Mayenne, M. Lefebvre, curé-archiprêtre d'Ernée, M. Lemaître, supérieur du Petit-Séminaire, et M. Lecomte, curé de Grazay. Vingt pauvres entouraient aussi le char funèbre.

Le deuil était conduit par MM. Appert et Pottier, vicaires de Saint-Martin, M. Elphège Robbes, président de la fabrique, et M. de Brunville.

Puis venaient M. le Président du Tribunal civil, M. le Maire de Mayenne avec son Conseil municipal, M. le Juge d'instruction, M. le Substitut du Procureur de la République, MM. les Juges de paix, M. Henry, conseiller d'arrondissement, M. le Capitaine de gendarmerie, M. le Commandant de recrutement, quelques-uns des Officiers attachés à ce bureau et à la garnison, M. l'Inspecteur primaire, MM. les docteurs Ponthault et Morisset,

MM. les Administrateurs de l'Hospice, du Bureau de bienfaisance et de la Caisse d'épargne, MM. les Chefs des divers services de la ville, beaucoup de fonctionnaires, la Conférence de Saint-Vincent-de-Paul, la Société de Secours Mutuels, et tout ce qu'il y a de marquant dans la société de Mayenne.

Sur le parcours, dans les rues de la paroisse de Saint-Martin, les magasins étaient fermés en signe de deuil. Des deux côtés du long convoi, depuis l'église Saint-Martin jusqu'au cimetière, stationnait une foule sympathique d'hommes et de femmes, témoignant par leur attitude de leurs sentiments de vénération pour ce prêtre qui les avait si longtemps édifiés, soulagés, bénits et guidés dans le chemin du ciel.

Les vers suivants, préparés pour la fête de la soixantaine, résument admirablement, avec la vie sacerdotale du vénérable curé de Saint-Martin, les sentiments de tous ceux qui assistaient à cette dernière fête, à la fois funèbre et triomphale :

Douze lustres durant d'un fécond ministère,
Il fut par ses vertus l'honneur du sanctuaire.
Oui, durant soixante ans, ses lèvres, chaque jour,
Aux hommes n'ont parlé que de paix et d'amour ;
Ses pieds ont recherché le seuil de la souffrance,
Et ses pieuses mains, chères à l'indigence,
Au profit du malheur n'ont cessé de s'ouvrir
Que pour monter vers Dieu, pardonner et bénir.
Tout Mayenne, en retour, s'incline à son passage
Et garde au fond du cœur sa douce et sainte image.

Qu'il repose en paix !

BIBLIOTHÈQUE NATIONALE B.F. LIBRAIRES

SE VEND

Au profit des pauvres de la paroisse de Saint-Martin de Mayenne

---

L'exemplaire.	» fr. 20
La douzaine.	2 »
Le cent.	15 »

Avec photographie :

L'exemplaire.	» fr. 50
La douzaine.	5 60
Le cent.	45 »

Laval. — Imprimerie Chailland, rue des Béliers, 2.

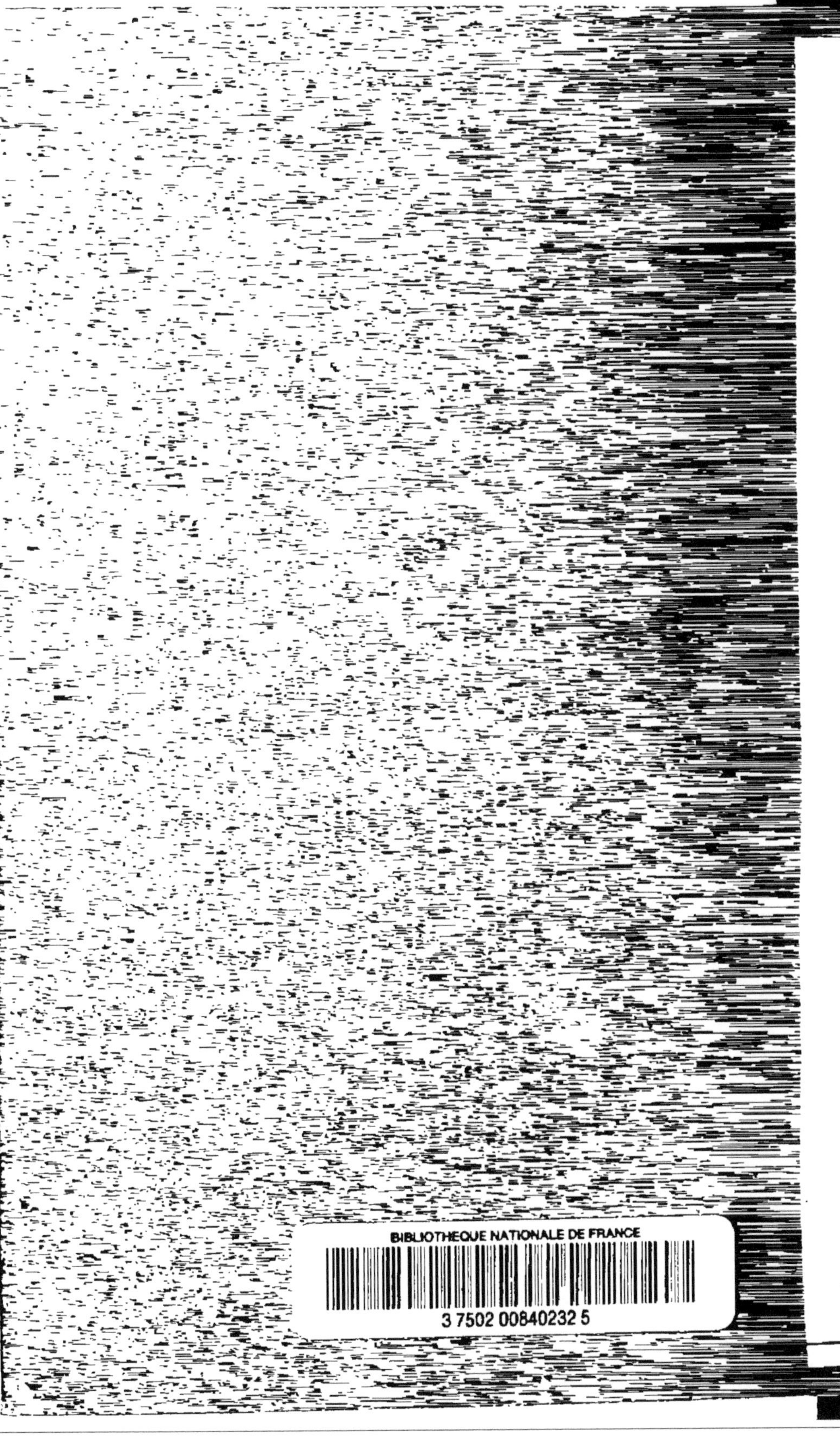
BIBLIOTHEQUE NATIONALE DE FRANCE
3 7502 00840232 5

www.ingramcontent.com/pod-product-compliance
Ingram Content Group UK Ltd.
Pitfield, Milton Keynes, MK11 3LW, UK
UKHW022157190726
13855UKWH00004B/1517